AF563760

LA

COMMUNE

ET LA

RÉVOLUTION

PAR

G. LEFRANÇAIS

(Ancien membre de la Commune de Paris, en 1871)

ARTICLE PREMIER, — Le but de toute association politique est le maintien des droits naturels et imprescriptibles de l'homme, et le développement de toutes ses facultés.

ART. 2.— Les principaux droits de l'homme sont ceux de pourvoir à la conservation de l'existence et de la liberté.

ART. 18. — Toute loi qui viole les droits imprescriptibles de l'homme est essentiellement injuste et tyrannique; elle n'est point une loi.

(Extraits de la Déclaration des Droits de l'Homme, placée en tête de la Constitution de l'an III.)

Prix: 15 centimes

11657

L^{57}_{b} 11657.

Temps Nouveaux, 140, rue Mouffetard.

rie, 24, rue de la Tombe-Issoire.

1896

LA COMMUNE ET LA RÉVOLUTION

BIBLIOTHÈQUE NATIONALE
R.F.
IMPRIMÉS

LA COMMUNE ET LA RÉVOLUTION

En 1874, à Genève, quelques proscrits français, un proscrit russe, le citoyen Nicolas Joukovsky (1), et un ouvrier tapissier, le citoyen Auguste Thomachot (2), fondèrent une revue mensuelle, sous le titre de « **La Commune,** *revue socialiste* », qui n'eut que huit numéros, dont le premier seul parut avec son titre intégral et les sept autres avec le sous-titre seulement. La suppression du titre « *La Commune* » avait été imposée par le gouvernement très *radical* de la République Genevoise, sous menace d'expulsion de tous les rédacteurs : menace qui me fut transmise par le chancelier du Conseil d'Etat.

Cette décision du Conseil d'Etat du canton de Genève avait été prise après la lecture du programme publié dans le premier numéro, sous le titre de : **Notre but.** Nous croyons intéressant de reproduire ce programme en tête de notre brochure, à titre de préface.

(1) Mort à Genève, le 11 mai 1895.
(2) Mort à Paris, en 1884.

NOTRE BUT (1)

Il semble tout d'abord qu'une revue socialiste portant le titre « *La Commune* » n'ait guère besoin d'expliquer à ses lecteurs le but qu'elle se propose.

Cela est cependant indispensable, en présence de la mauvaise foi de la presse bourgeoise de toutes couleurs et de tous pays, combattant les légitimes revendications du Travail contre le Capital ; des exploités contre les exploiteurs.

Avec son habituelle perfidie, en effet, profitant de ce que quelques niais ou quelques intrigants ont tenté de ridicules démarches auprès de certains princes en disponibilité, pour mener à bonne fin leurs combinaisons plus puériles encore que malpropres (2), la presse bourgeoise, surtout la presse républicaine, dans sa rage contre les socialistes, n'a jamais manqué l'occasion, depuis *juin 1848,* de leur jeter à la face l'épithète injurieuse de *Césariens* ou de *Bonapartistes,* ce qui est tout un.

Cette calomnie de toutes pièces a fait d'autant mieux son chemin qu'elle est une arme commode à l'usage de ceux qui, se disant libéraux et même

---

(1) « La Commune, revue socialiste », n° 1, avril 1874.

(2) Il s'agissait en ce temps d'intrigues imaginées par un certain *Albert Richard*, internationaliste lyonnais, et quelques-uns de ses amis, pour tenter de rallier les *forces socialistes*, dont ils prétendaient grotesquement disposer, à certains tripoteurs de restaurations monarchiques ou napoléoniennes, et dont les projets faisaient alors grand bruit.

républicains, sont avant tout soucieux de conserver leurs privilèges économiques, et sont enchantés de pouvoir accuser les adversaires de ces privilèges d'être les ennemis de la République et de la Liberté.

De là, pour nous, la nécessité d'indiquer en quoi les socialistes peuvent seuls être considérés comme étant les représentants réels de l'idée révolutionnaire (1).

Tout comme les monarchiens, les républicains autoritaires, partant de cette donnée que la société, supérieure en droit à l'individu, a pour unique mission de *régler* (il serait plus sincère de dire *aliéner*) la liberté de chacun au bénéfice de ce qu'ils appellent le « droit social », les républicains, disons-nous, à chaque fois que l'action gouvernementale leur est échue, n'ont eu d'autre souci que de restreindre les libertés individuelles.

« Donner la plus grande force au Pouvoir », telle a été dans le passé, telle est dans le présent leur maxime favorite.

Aussi, l'histoire de notre législation en mains, est-il facile de prouver qu'il n'est pas une oppression, pas une violation des droits *imprescriptibles* de l'homme, qui ne soient en partie l'œuvre des républicains, depuis bientôt un siècle.

Cependant, malgré toutes les obscurités dont tous les partis politiques se sont plu à l'entourer, l'idée générale de la Révolution, sans laquelle celle-ci n'aurait aucun sens, s'est enfin nettement dégagée.

---

(1) Il est évident qu'il ne peut s'agir ici des prétendus socialistes parlementaires d'à présent, et dont tout le programme consistait dernièrement (1896) à crier : Vive le Ministère !

On a fini par comprendre que, de même que la « Réforme » avait pour conséquence logique de dégager l'esprit humain des affirmations dogmatiques se prétendant supérieures à toute critique, de même aussi, la Révolution, à peine de devenir un indéchiffrable logogriphe, ne peut être autre chose que l'incessante revendication pour l'individu de son autonomie, c'est-à-dire du gouvernement absolu de ses facultés, non seulement dans leur satisfaction propre, mais surtout dans leurs rapports avec celles d'autrui ; — qu'enfin la Révolution n'a qu'un objet : la complète restitution à l'individu de ses droits naturels, si bien précisés par la *Déclaration des Droits,* et dont, sous prétexte de *salut social,* il a été successivement dépouillé au bénéfice du principe d'autorité.

Mais il ne suffit pas d'affirmer l'autonomie, il faut encore savoir à quelles conditions elle se peut réaliser.

Pour devenir une vérité, pour passer de l'abstraction à l'état de fait, deux suppressions lui sont indispensables :

La suppression du gouvernement — du pouvoir — dans l'ordre politique ; celle du salariat, dans l'ordre économique.

Or, cette double suppression ne se peut accomplir que par le triomphe de l'idée communaliste, en qui s'est comme incarnée la Révolution sociale — la seule légitime — la seule qui nous intéresse.

Pénétrés du droit que chacun possède de coopérer, dans la mesure de ses forces, à l'œuvre entreprise depuis la fin du dernier siècle, par ceux qui revendiquèrent alors l'affranchissement de l'homme, nous tenterons de démontrer comment, sans une reconstitution économique qui garantisse à chacun le plein exercice de ses droits, il n'est plus pour les sociétés modernes, ni paix, ni liberté possible.

(Suivaient les signatures des rédacteurs de la Revue.)

Conformément à l'engagement pris ci-dessus envers les lecteurs de la Revue, je publiai dans les n°s 3, 4 et 5, des mois de juin, juillet et août 1874, l'étude suivante, sous ce titre : COMMUNALISME.

COMMUNALISME

I

Le mouvement du 18 mars 1871 ayant donné naissance au néologisme, objet de cette étude, il nous paraît utile de tenter tout d'abord d'expliquer comment ce mot résume pour nous la révolution tout entière.

Cette expression — « Communalisme » — n'est-elle que le produit d'une bizarre fantaisie, voulant enrichir le dictionnaire d'un mot nouveau (1) ?

Ou bien, créée par les partisans de l'idée, ne correspondrait-elle pas à un système social reposant sur des conceptions essentielle-

---

(1) Ce mot est si nouveau, en effet, en tant qu'il s'applique à l'ordre social, que nous le trouvons dans le Dictionnaire de Littré avec cette seule définition :

COMMUNALISME. — Nom donné, dans quelques sociétés religieuses, aux membres de la communauté. — Dans quelques diocèses, ecclésiastique habitué dans une paroisse.

ment différentes de celles préconisées jusqu'alors par les divers partis républicains ?

C'est justement ce qu'il y a lieu d'examiner.

Le moyen âge eut ses *communiers*. — Ceux-ci ne furent rien autre que les pères de notre actuelle bourgeoisie. Partisans de certaines franchises municipales qui, obtenues de gré ou de force, leur créèrent une situation moyenne entre le serf et le seigneur féodal, les communiers, une fois maîtres du terrain, ne tardèrent pas à prouver au serf qu'ils étaient capables au besoin d'user à son égard d'autant de férocité que les plus farouches barons de l'époque.

Il y avait loin, en effet, du *communier* triomphant, devenu à son tour une sorte de souverain municipal, possédant la maîtrise et pignon sur rue, il y avait loin de ce communier au serf, au « pauvre homme », qui, ne possédant aucun instrument de travail, demeurait le manœuvre, tout au plus le commensal à merci du « maître », du patron, seul admis dans les corporations de métiers.

Ce serait donc bien à tort, selon nous, qu'on prétendrait assimiler le mouvement communaliste de 1871 aux luttes des *communiers*, qui durèrent du onzième au quatorzième siècle.

Le peuple, le manant, n'y eut que la part de

combat, de dévouement et de supplices qui ne lui est jamais refusée en pareil cas (1). Mais alors, comme aujourd'hui, il ne récolta de son concours que la haine implacable et l'injurieuse méfiance de ceux-là seuls qui en profitèrent.

Lorsque, quatre siècles plus tard, éclata la Révolution, la bourgeoisie, devenue souveraine, se partagea en deux camps : les Fédéralistes (Girondins) ; les Centralisateurs (Jacobins).

Les derniers, après avoir appauvri sans relâche l'énergie révolutionnaire, par l'élimination successive de tous leurs adversaires, plus ou moins libertaires, disparurent à leur tour, victimes de leurs théories autoritaires qui les devaient fatalement, de dictature en dictature, ramener à une monarchie plus despotique encore que celle de Louis XIV.

Or, tout en admettant que la sincérité des Girondins fût des plus discutables et en reconnaissant que leur Fédéralisme n'eût en vue, d'ailleurs, que de restituer aux assemblées provinciales la part de puissance gouvernementale qu'ils voulaient arracher à l'État

(1) Le fameux Etienne Marcel, le Prévôt de Paris, dont la mémoire est demeurée si chère aux bons bourgeois radicaux de nos jours, ne leur ménagea pas cette part de supplices, dans la guerre atroce qu'il fit aux *Jacques*, de concert avec son digne allié, le féroce roi de Navarre.

jacobin, on ne saurait nier aujourd'hui qu'ils ne fussent plus près que leurs adversaires, les Montagnards, du but poursuivi par la Révolution.

Mais, là encore, les partisans du Communalisme n'ont point à regretter la chute des Bourgeois fédéralistes, tout autant soucieux que les Jacobins de maintenir leur suprématie sur ceux qu'ils avaient classés, de par la Constitution de 1791, comme *citoyens inactifs*, c'est-à-dire ne jouissant d'aucun droit politique, comme « ne possédant rien ».

Si, du Fédéralisme girondin, nous passons aux Républiques fédérales d'Amérique et de Suisse, on ne voit, en définitive, dans ces organisations, que le transfert à chacun des Etats ainsi fédérés de toutes les attributions gouvernementales et autoritaires sur lesquelles reposent les États centralistes, rien de plus. Qu'ils soient en mode centraliste ou en mode fédéraliste, les rapports de gouvernés à gouvernants n'y ont rien d'essentiellement différent.

Autant enfin qu'on en puisse juger à distance, le mouvement cantonaliste espagnol, dont Carthagène vient d'être l'héroïque centre (1), n'aurait abouti qu'aux mêmes erre-

(1) Révolution cantonaliste dite de « la main noire », 1873.

ments des États fédéralistes dont nous venons de parler.

Jusqu'ici donc, nous pouvons affirmer qu'on ne trouve nulle trace de l'idée qui enfanta le Communalisme et dont la Révolution du 18 mars 1871 aura été le sanglant mais glorieux berceau.

II

Le caractère principal, en effet, du mouvement du 18 mars, c'est qu'il aura été le point de départ d'une rupture complète et sans retour possible ni durable avec les divers partis politiques qui, à différents titres, avaient eu jusqu'à maintenant la prétention de représenter la Révolution.

De ce mouvement date la reprise de l'action révolutionnaire, interrompue de prairial 1794 au 24 février 1848, puis de juin 1848 à l'avènement à l'Hôtel de Ville de ce groupe impersonnel qui fut, d'abord, le « Comité Central » et, ensuite, la « Commune ».

Ainsi que le témoignent les extraits de la *Déclaration des Droits*, placés en tête de cette brochure, la Révolution s'était proposé pour but suprême, non de substituer une classe à une autre dans l'action gouvernementale, mais de refondre entièrement le pacte social ou plutôt de faire de ce pacte, purement hypothétique, une réalité.

La société, considérée jusqu'ici comme une force supérieure à laquelle devait obéir l'individu, ne fut plus envisagée que comme un milieu dans lequel l'individu doit trouver, non seulement la garantie de ses droits naturels, mais encore une puissance d'action toujours croissante, mise au service du développement incessant de ces mêmes droits.

Cette conception moderne de l'action sociale, seule raison de la Révolution, le parti républicain, sous prétexte que le peuple n'était pas assez *mûr* pour en tenter la réalisation, s'empressa de la mettre à l'arrière-plan. Il y substitua la fantasmagorie de ses théories sur la « division des pouvoirs » pour en maintenir l'équilibre; de la prétendue « proportionnalité de l'impôt » comme si, en définitive, l'impôt ne reposait tout entier sur la production ; de la prétendue « justice égalitaire », qui n'est, au vrai, que la consécration légale de toutes les inégalités sociales; enfin toute cette phraséologie dite libérale et même, parfois, révolutionnaire, à l'aide de laquelle on a fait constamment lâcher aux masses la proie pour l'ombre. — Il est vrai qu'en revanche, les bons républicains savent, mieux que le plus féroce despote, mitrailler, massacrer et déporter les récalcitrants. (Exemple : juin 1848 et mai 1871.)

Le mouvement de mars 1871 avait donc en

vue, non de déplacer l'action gouvernementale, mais bien de la supprimer et d'y substituer la participation directe de tous les intéressés dans la gestion de la chose publique.

Cette gestion ne reposant plus dès lors sur la notion d'autorité; n'étant plus réglée d'après les mobiles plus ou moins inéquitables des représentants, élus ou non, de cette autorité, eût été basée, au contraire, sur le droit de participation résultant de la libre adhésion de l'individu au groupe, à la commune, à la fédération.

Mais si le fédéralisme est appelé à jouer un rôle important dans les rapports à intervenir entre l'individu et les divers groupes partant du citoyen et allant jusqu'à la fédération générale des communes, il ne s'ensuit pas, qu'à cette heure, le fédéralisme implique de soi la notion de l'autonomie individuelle, revendiquée dans la Déclaration des Droits.

On peut être fédéraliste sans pour cela s'en référer à l'idée mère de la Révolution. Nous venons d'en citer des exemples.

Toutes les applications connues jusqu'alors du fédéralisme n'ont été, nous venons de le dire, que des groupements — dans un intérêt politique quelconque — d'États monarchiques ou républicains, peu importe, mais reposant à ce point sur le principe d'autorité, que l'État seul figure dans le pacte fédératif : l'individu n'y adhère que par une procuration fictive et non réellement consentie.

Le mouvement du 18 mars était donc dans l'inévitable nécessité de se caractériser d'un mot : il s'affirma *communaliste.*

III

Essayons de dégager la valeur réelle de ce mot, d'après le système de fonctionnement social auquel, suivant nous, ce mot doit être appliqué.

Restituer à l'individu son autonomie, c'est, avons-nous dit précédemment, lui rendre, sans rectriction, le droit de se développer d'après le libre choix des moyens qui lui semblent le plus propres à faciliter ce développement. C'est aussi le laisser seul juge des rectifications à apporter — après expérience — dans l'exercice de ce droit.

L'action collective ou sociale intervient alors, non plus comme régulateur et dispensateur des droits de l'individu, mais seulement comme arbitre entre ce dernier et ceux qui se prétendraient lésés par ses agissements.

Comment, d'ailleurs, à moins de remonter à la notion d'autorité de droit divin, comment en pourrait-il être autrement dans une société réellement démocratique?

En vain les sociétés bourgeoises de notre époque tentent d'asseoir de nouveau le principe d'autorité sur le consentement prétendu, plus ou moins unanime, des gouvernés, à l'aide de leur fameuse panacée — le « suffrage universel ». — Cette panacée a fait son temps(1).

Le suffrage universel, tous les partis politiques sont d'accord au fond pour le reconnaître, n'est qu'un ingénieux déguisement du « droit du plus fort ». Or, qui peut aujourd'hui répondre de la force qu'il détient? Quel gouvernement peut sérieusement, à cette heure, répéter cette niaiserie brutale et soldatesque : « l'Ordre, j'en réponds! ».

Mais s'il devient plus évident chaque jour que c'est à l'unique condition de sortir de l'ornière des errements gouvernementaux qu'on peut reconstituer un ordre social réel, garantissant à tous et à chacun la sécurité sans laquelle la vie devient impossible, il

(1) Depuis 1874, que nous émettions cette opinion, les événements n'ont fait que la confirmer. — Qui ne sait qu'aujourd'hui, la presque totalité des élus n'entrent à la Chambre que couverts des infamies — presque toujours très justifiées — dont chaque député a été accusé par les partisans de ses adversaires? — Enfin qui ne sait que le scrutin est à ce point de plus en plus déserté par les électeurs qu'il a été déjà plusieurs fois question d'établir le *vote forcé*.

faut chercher les assises nouvelles de cet ordre social et examiner si elles se peuvent accommoder des formes politiques actuelles.

Nous ne le croyons pas.

Nous pensons, au contraire, que cette reconstitution, pour être durable, a besoin de s'édifier sur un plan absolument nouveau, et que ce plan, c'est la commune libre et autonome comme l'individu, ne relevant que d'elle-même dans tout ce qui la concerne essentiellement.

Nous allons essayer de le démontrer.

IV

Toute la portée du mouvement révolutionnaire du dernier siècle, on ne saurait trop le répéter, se résume dans cette affirmation d'une lumineuse simplicité : la société est faite *par* et *pour* l'individu, et non l'individu *pour* la société. — Du jour où cette vérité a été acclamée, c'en a été fait de la « Raison d'État », dont s'abritaient toutes les iniquités sociales.

Interrogez, en effet, le plus arriéré des conservateurs de l'ordre bourgeois ; demandez-lui s'il ne considère pas comme sacré le droit de disposer de *lui-même*, de s'associer à qui bon *lui* semble, de constituer *sa* famille à *son* gré, d'échanger *sa* pensée avec qui *lui* convient,

BIBLIOTHÈQUE NATIONALE R.F. IMPRIMÉS

dans la forme qui *lui* semble la plus saisissable, de *se* mouvoir quand il lui plaît, enfin de gouverner, au mieux de *ses* intérêts et de *ses* tendances, l'emploi de *ses* facultés de tous ordres? — On peut l'affirmer sûrement, sa réponse ne sera ni négative, ni même restrictive.

C'est qu'en effet la société n'a pour *lui* d'autre valeur que de non seulement sanctionner tous les droits énumérés ci-dessus, mais encore de *lui* en garantir l'extension — et il a raison, cet excellent bourgeois conservateur.

Hors de cette conception, en effet, ce qu'on appelle le « droit social » n'est plus que l'écrasement des uns par les autres, et devient ainsi, pour l'individu, plus insupportable mille fois que l'état le plus sauvage qui se puisse imaginer.

Il ne saurait donc être nié sérieusement à cette heure que les droits naturels et *imprescriptibles* de l'homme — (se mouvoir, échanger sa pensée, se grouper, s'associer, se garantir l'existence par le travail, enfin développer ses facultés par tous les moyens d'investigations qu'il tire, soit de son intelligence propre, soit de l'intelligence générale) sont supérieurs à toute Constitution, c'est-à-dire à tout *pacte social* consenti ou imposé. — Toute Constitution, au contraire, n'a de valeur aux yeux de l'individu qu'autant qu'elle lui garantit le plein exercice de ses facultés, sans aucune limite que ce soit.

Toute loi qui tente d'en restreindre l'essor est conséquemment injuste, anti-sociale et il est du devoir de l'homme de ne s'y point soumettre.

Dès lors, et à moins de voir s'éterniser les sanglantes et légitimes revendications qui résultent logiquement de toute violation des droits humains, revendications qui s'accentuent d'autant que l'homme en a de plus en plus conscience, dès lors il est d'absolue nécessité, pour les sociétés modernes, de trouver le *modus vivendi* en suite duquel ces violations ne se pourront plus produire.

C'est-à-dire, qu'aux constitutions sociales reposant sur la notion de la *Raison d'État* et sur tous les privilèges qui en découlent, il faut substituer des groupes sociaux reposant sur le droit individuel et sur le contrôle effectif et incessant, par tous les membres de ces mêmes groupes, de la gestion des intérêts collectifs.

V

Nous avons dit, précédemment, qu'il ne nous paraissait pas possible d'organiser l'ordre social, auquel aspirent légitimement tous ceux qui vivent de travail, sur les bases jusqu'alors adoptées par les anciens partis politiques.

Examinons donc si, en effet, aucune des données gouvernementales qui ont précédé le 18 mars 1871, peut donner satisfaction aux indiscutables revendications des travailleurs.

Nous laisserons hors de page les légitimistes et leurs « Roys », — Bourbons aînés et Bourbons cadets, — *Blancs d'Eu* ou *Blancs d'Espagne*, — comme n'ayant rien à faire dans la question qui nous occupe à cette heure : on ne raisonne pas avec le *Droit divin* — on y croit et l'on subit, ou l'on passe et l'on en rit. — D'ailleurs, pour ces gens-là, Bourgeois et Manants *ne sont pas nés* ; le rôle de ces derniers est simplement d'obéir, de payer et de se taire — Il n'y a point à discuter! Nous ne nous occuperons donc que des divers partis qui, se rattachant au mouvement de 1789, s'en prétendent, à divers degrés, les seuls interprètes et se sont arrogé tour à tour le droit de gouverner au nom de la Révolution.

Tous ces partis — constitutionnalistes, impérialistes, républicains modérés et surtout malhonnêtes, radicaux même (1) — représentent en réalité, non la Révolution qu'ils

(1) Nul doute qu'un jour, avant peu, peut-être, on y puisse ajouter les socialistes parlementaires (marxistes et autres).

invoquent sans cesse, mais les seuls intérêts bourgeois et autoritaires, — rien autre.

Partisans de la *Raison d'État*, ces partis politiques ne sont divisés que sur cette question : Qui représentera l'État ? C'est-à-dire qui sera chargé de gouverner les masses ? Et qui jouira du bénéfice attaché à cette importante et lucrative mission ?

Les grands propriétaires ruraux et industriels et tous les détenteurs quelconques de grands capitaux, acceptant les distinctions créées par la *Législative* de 1791, affirment que ceux-là seulement doivent gouverner qui ont de grands intérêts à sauvegarder, et que la plèbe, les travailleurs, la « vile multitude », comme l'appelait M. Thiers, ne possédant rien, n'a point à s'intéresser de la chose publique, et n'a ainsi aucun droit de participer à l'action gouvernementale. Telle est la théorie politique de l'*école libérale* (1).

Cette théorie donna lieu à la création du *Cens*, ou minimum d'impôt au-dessous duquel sont classés les citoyens *non actifs*, c'est-à-dire inhabiles aux fonctions législatives et gouvernementales, à émarger au budget et à sauver la société.

Mais cette théorie ne tarda pas à être battue en brèche par la petite bourgeoisie boutiquière

(1) C'est également l'avis de M. Taine, l'auteur des *Origines de la France moderne*.

et à petits capitaux, lésée dans son appétit budgétivore, qui réclama alors l'abaissement du *Cens*, et même sa suppression en faveur des « Intellectuels » de tous ordres (artistes, savants et gens de lettres). Enfin les Républicains et leurs frères cadets — les Bonapartistes — leur poussée aidant, renversèrent le « Système » et proclamèrent le *Suffrage Universel.*

Mais ce fameux suffrage, dont tous les citoyens se trouvèrent investis le 24 février 1848, n'ayant en vue — d'après la doctrine même des républicains — que d'asseoir l'autorité sur de plus larges bases, n'eut et ne pouvait avoir d'effet que de changer plus ou moins fréquemment le personnel gouvernemental ; la masse des électeurs, décorée du titre pompeux de « Peuple Souverain », n'en resta pas moins taillable et exploitable à merci, sa souveraineté de *principe* se transformant par le fait seul de son exercice à l'heure du scrutin, en un nouvel esclavage, dont les chaînes lui sont d'autant plus rudes qu'elle les a forgées et rivées elle-même. Sa souveraineté prétendue consiste uniquement dans le droit de se choisir des maîtres qu'elle n'a même plus, comme sous la monarchie, le droit de chasser ou de supprimer sans qu'on l'accuse — ô ironie! — de « violer » sa propre souveraineté !

Et quand il lui arrive, comme en juin 1848 et en mars 1871, de vouloir mettre fin à cette abominable fumisterie, monarchiens de tous poils, républicains modérés et radicaux de se souder aussitôt, par un subit et touchant accord, pour écraser les révolutionnaires.... au nom de la République et du respect dû à la « souveraineté populaire » !

Ainsi le veut, d'ailleurs, l'inflexible logique du principe d'autorité, et surtout l'intérêt de caste et de situation économique s'abritant de ce principe.

VI

Mais, nous dira-t-on, de ce que les communalistes ne voient de solution pour l'avenir que dans la suppression de toute prétention gouvernementale, si démocratique qu'elle s'affirme, s'ensuit-il qu'ils aient raison et qu'on ne puisse concevoir la mise en pratique des idées révolutionnaires au moyen d'un gouvernement tel que l'entendent, par exemple, les républicains radicaux, c'est-à-dire soumis au contrôle incessant des gouvernés, de par le *mandat impératif* et la responsabilité permanente des gouvernants ?

C'est là, en effet, le dernier retranchement des républicains avancés, pour sauvegarder le principe autoritaire qui leur est commun avec tous les autres partis politiques plus ou moins libéraux : édifier un gouvernement fort, sous le contrôle direct et permanent des gouvernés.

Sans nous arrêter à relever la contradiction flagrante existant entre l'idée d'un gouvernement *fort* et pourtant sans cesse *contrôlé*, il nous faut examiner ce qu'il y a au fond du *mandat impératif*, si préconisé depuis plusieurs années par les démocrates radicaux et même par une grande partie des républicains socialistes (1).

Qu'est-ce donc en somme que le mandat impératif ?

C'est le mandat à termes nettement définis, donné par l'électeur à son mandataire et en dehors duquel ce dernier ne peut ni se mouvoir ni transiger, à peine de forfaiture et de déchéance, sans compter les responsabilités qu'il encourt envers ses mandants.

On se rappelle, je suppose, de quelles clameurs cette conception fut accueillie par les plus farouches républicains de 1848 se présentant aux élections de 1869. A l'exception de Rochefort — un nouvel arrivant — tous le rejetèrent avec la plus vive indignation.

---

(1) Il va sans dire que, comme bien d'autres, j'ai d'abord cédé à l'attraction des alléchantes promesses que semblait renfermer la théorie du mandat impératif.

« On portait atteinte à la majorité de la « souveraineté populaire ! » On avilissait le sublime mandat du député, qu'on faisait « *en-« trer à l'Assemblée portant au front le flétris-« sant stigmate de la méfiance* ». « On violait « la conscience du député ! » (1). — Nous en passons et des meilleures.

En quoi donc, au fond, ce mandat précis serait-il plus humiliant, je vous prie, pour messieurs les députés, que ne l'est un mandat de même sorte en matière civile, pour un *chargé d'affaires ?*

Toutes ces déclamations contre l'immoralité prétendue du mandat politique impératif, déclamations ayant très bien cours encore dans certaines républiques très radicales même, toutes ces déclamations n'ont point de quoi nous toucher ; aussi n'est-ce pas de ce côté qu'il faut envisager ce mandat, pour le soumettre à une sérieuse critique, mais bien au point de vue de sa valeur propre et de sa mise en pratique.

Si nous nous en tenons à la définition que nous en avons donnée plus haut, voyons à quoi aboutit, en réalité, le mandat impératif. Peut être alors nous convaincrons-nous que ce n'est, là encore, qu'un nouveau trompe-l'œil,

(1) Ainsi s'exprimait à l'Alcazar — en mai 1869 - le puritain, l'austère Ernest Picard, devant les électeurs de sa circonscription.

à l'usage des gouvernés, mais au profit des gouvernants (1).

Supposons donc la République organisée comme l'entendent les radicaux les plus avancés :

Les lois sont faites par une Assemblée unique, dans laquelle se trouvent réunis les délégués de la France entière, munis chacun d'un mandat impératif et, comme tels, soumis à une révocation constante et à une entière responsabilité. D'abord, pour que le rappel à l'exécution du mandat puisse être sérieusement exercé contre le mandataire, faudra-t-il au moins que les mandants qui lui rappellent l'engagement contracté soient bien ceux qui lui ont tracé ce mandat, et non les électeurs de son concurrent malheureux.

Nous ne croyons pas qu'il faille insister sur cette condition de rigueur. Mais, comment, dans la pratique, obtenir cette garantie réciproque des mandants et de leur mandataire, avec le *scrutin secret*, si cher au cœur des républicains les plus radicaux ?

Sera-ce à l'aide des cahiers signés par le candidat, les membres de ses comités restant en permanence et en relations directes avec leur député ?

(1) Qui ne sait depuis longtemps que les comptes rendus de mandat de député devant leurs électeurs, pratiqués depuis plusieurs années, ne sont que de pitoyables farces?

Nous voilà dès lors en présence d'un corps particulier, s'interposant entre les électeurs et leur mandataire, ce qui n'est guère démocratique, d'ailleurs. Puis, en cas de conflit dans l'interprétation du mandat, ce qui ne peut manquer de se produire, qui sera juge entre le mandataire affirmant qu'il a rempli ses engagements, et le Comité électoral affirmant le contraire (1) ? Et si les Comités eux-mêmes se divisent sur la question ? Voilà le mandat impératif bien compromis, il nous semble.

Mais passons outre, cependant.

Supposons qu'ayant enfin compris que, comme dans tout contrat, la signature des parties doit forcément figurer, pour que chacune d'elles puisse revendiquer contre l'autre ; supposons que les républicains radicaux, partisans du mandat impératif, aient accepté le vote *public* et *signé*, comme seul valable et comme seul digne, en définitive, de la souveraineté du peuple.

Les parties sont, dès lors, en puissance de revendiquer l'une contre l'autre les engagements contractés. Que va-t-il se passer ?

La Chambre des députés est composée de membres à mandats impératifs. Sans doute

---

(1) On se rappelle l'impudente conduite de Gambetta envers ses électeurs de Belleville, à propos des fameux *cahiers* signés par lui, en 1869, et qu'il renia, *huit jours* après, devant les électeurs de Marseille.

on peut supposer que les mandats seront rédigés dans des termes différents et, peut-être aussi, contradictoires, tant sur les questions organiques que sur les questions de principes. Comment trancher les différends, personne n'ayant pouvoir de le faire? Les électeurs eux-mêmes? A quoi bon alors le député, devenu un simple facteur, chargé de déposer sur la tribune les cahiers ou votes directs et formels de ses mandants?

Nous voilà ainsi revenus, par la force des choses, à l'action directe et permanente de la souveraineté des électeurs, c'est-à-dire à la négation du gouvernement par voie législative et parlementaire.

Si nous transférons le mandat impératif au pouvoir exécutif — ce qui est de conception plus facile — on transforme du coup le gouvernement en un simple rouage administratif, sans autorité ni initiative, chargé seulement d'exécuter avec plus ou moins d'intelligence les décisions arrêtées par la masse électorale, c'est-à-dire par le peuple lui-même. Mais alors le principe d'autorité cède le pas, précisément, à l'ordre de faits organiques conçu par les communalistes, ainsi que nous le verrons plus loin.

Or, puisqu'il est constaté par les républicains les plus radicaux que la démocratie ne sera qu'une fiction, tant que le rouage gouvernemental ne sera pas ramené à l'état passif, et que cette passivité est la négation absolue du principe d'autorité, comment continuent-ils à se ranger sous le drapeau des autoritaires, républicains de nom seulement, et ne se distinguant des monarchistes que pour masquer sous leur prétendu républicanisme leurs appétits de pouvoir... et aussi d'argent ?

Nous pensons avoir suffisamment démontré que ce n'est point dans les anciennes conceptions gouvernementales, si démocratiques qu'elles se prétendent, que la révolution sociale — la seule dont les travailleurs aient à se préoccuper — peut trouver sa réalisation. Reste à examiner maintenant si cette réalisation ne se peut pas rencontrer dans les idées communalistes.

VII

Supposons une nouvelle action militante terminée.

Le peuple — c'est-à-dire tout ce qui vit de travail et relève à cette heure du bon vouloir capitaliste — le prolétariat enfin a reconquis une situation lui permettant de faire table rase de tous les privilèges économiques actuels. Il a pris à l'égard des bénéficiaires de ces privilèges telles mesures que comportent son tempérament et les incidents de la lutte ayant amené son triomphe. Il s'agit de rendre le triomphe définitif et d'empêcher que, par un retour à de vieux errements, on n'aboutisse encore à de nouvelles et de plus terribles hécatombes.

Si, imbus des préjugés qu'on a pris à tâche de leur inculquer à ce propos depuis un demi-siècle, les travailleurs ont encore une fois recours à ce moyen désastreux — le suffrage universel — et se donnent de nouveaux législateurs, chargés d'élaborer quelque vaine et fantastique constitution, tombée dans le mépris — comme ses devancières — avant même d'être promulguée, les travailleurs peuvent être certains d'un nouvel avortement de leurs espérances et du néant de leurs sacrifices.

Universel ou restreint, le suffrage, une fois encore consulté, leur répondra autorité, conservation — c'est là un fait indéniable et relevé avec une grande lucidité par Proudhon, lors du coup d'Etat de décembre 1851 et du plébiscite qui le sanctionna une première fois, à la suite de ce coup d'État, et démontré plus tard encore — le 8 mai 1870 — trois mois à peine avant la chute du second Empire !

Autorité et révolution étant inconciliables, il va de soi que toute action en faveur de la première est par cela même hostile à la seconde.

C'est donc, on ne saurait trop le répéter, sur un nouveau plan d'action que les travailleurs se doivent placer, pour asseoir la révolution sociale et assurer du même coup leur affranchissement. Or, ce plan d'action, nous pensons que le mouvement révolutionnaire du 18 mars 1871 en a fourni les principales données.

Ce sera son honneur dans l'histoire de l'humanité.

VIII

Il résulte en effet des documents dont cette révolution a laissé les traces que, sous toutes réserves des vues particulières et plus ou moins discutables de ceux qui y prirent part, une même pensée générale se dégage et du Comité central et de la Commune appelée à le remplacer : c'est qu'il n'appartient qu'au peuple seul de résoudre les questions posées par la révolution.

Successivement le *Comité Central* et la *Commune* — expressions officielles de ce grand mouvement — ne se considèrent que comme une force entre les mains du peuple, et au moyen de laquelle celui-ci pouvait faire place nette de toutes les entraves opposées à sa délivrance, mais non comme ayant mission de lui imposer les résolutions émanant de leurs délibérations.

Sans doute les événements militaires que provoqua la proclamation de la Commune à Paris amenèrent son *Conseil* à prendre des allures de gouvernement, de dictature même, mais ces agissements, exclusivement transitoires, et résultant de la lutte terrible qu'elle avait à soutenir, eussent forcément pris fin le jour où la Commune fût redevenue maîtresse de son action, ainsi que l'entendaient bien la plupart des membres du Conseil communal.

La grande majorité des membres de la Commune avait acclamé, en effet, la déclaration du citoyen Charles Beslay, président de la première séance du Conseil, le 26 mars :

« A la Commune ce qui est d'intérêt com-
« munal ;

« A la Région ce qui est d'intérêt régional ;

« A la Nation ce qui est d'intérêt natio-
« nal. »

Cette déclaration ne faisait elle-même que formuler d'une manière plus précise les affirmations précédemment développées dans les diverses proclamations du Comité central (*Officiel* du 19 au 27 mars 1871).

Donc plus de Constitution ni de lois garantissant seulement certains intérêts, au détriment de la collectivité ; plus de gouvernement, parlementaire ou non, et imposant à la masse des gouvernés ses vues particulières, toujours et forcément réactionnaires.

Mais une succession de pactes ou contrats librement débattus et consentis, allant de l'individu à la nation et garantissant à chacun son entière liberté d'action, fortifiée de la puissance collective du groupe auquel il se sera volontairement associé.

Que le mouvement communaliste de 1871 eût vaincu ses adversaires de tous ordres, composant l'intégralité de l'Assemblée versaillaise, et ce programme eût été certainement réalisé.

Usant de son droit d'initiative, la Commune triomphante, s'appuyant des principes qui venaient de lui donner naissance, eût fait appel aux prolétaires des centres industriels, déjà tout préparés et qui n'attendaient que la victoire des Parisiens pour se déclarer. Ces centres eussent, à leur tour, entraîné dans le mouvement les populations agricoles, qui n'eussent pas mieux demandé en somme de se débarrasser enfin de leurs tyranneaux de clocher.

Les groupes travailleurs des villes et des campagnes eussent été invités à se fédérer et à élaborer les bases et les conditions de leurs pactes d'associations, tant régionales que nationale (1), tant au point de vue de leurs intérêts locaux qu'à celui du libre jeu de ces intérêts, dans la Fédération générale, composée de ces divers groupes.

Alors la solution des problèmes économiques que soulèvent les nécessités modernes de production, d'échange et de consommation, solution entourée d'insurmontables difficultés, tant qu'elle ne se présente que comme l'œuvre de partis intéressés ou comme conceptions purement individuelles, cette solution devenait d'autant plus possible et réalisable que chaque groupe se trouvait appelé à en fournir les éléments, dans la sphère des intérêts qui lui sont propres. De cette façon, la Révolution sociale, s'accomplissait, non en vertu de l'action autoritaire, par conséquent oppressive et par cela même impuissante, mais grâce aux concours des volontés rationnelles et conscientes de tous les intéressés.

Les Droits de l'Homme, proclamés par la Révolution il y a un siècle passé, devenaient une réalité.

---

(1) Nous nous servons ici de l'expression « nationale », afin de rester dans les réalités actuelles, laissant à l'avenir le soin de la rectifier dans ce qu'elle a d'exclusif et d'irrationnel.

IX

En publiant cette étude sur le « Communalisme » nous avons eu en vue surtout :

(*a*) De démontrer que le mouvement du 18 mars 1871 n'avait aucun rapport avec les révolutions politiques qui l'avaient précédé depuis le 9 thermidor et qu'elle était la remise en marche de la Révolution, avec toutes ses conséquences sociales, tentative dont les journées de juin 1848 n'avaient été que le prélude ;

(*b*) Que, contrairement aux dires de ses détracteurs intéressés, le mouvement du 18 mars s'était suffisamment caractérisé, dans ses traits généraux, comme antagoniste formel du principe autoritaire, ce qui ameuta contre lui les gouvernementalistes de tous ordres, depuis les partisans du « droit divin » jusqu'aux plus exaltés républicains ;

(*c*) Enfin, le moment nous semblant proche de l'effondrement du régime politique et social dans lequel nous pateaugeons depuis plus d'un siècle, et dont l'impuissance se constate avec une croissante accélération, il nous paraît instant que chacun de ceux qui s'intéressent à la Révolution, commencée à la fin du siècle dernier, indique comment, d'après son propre jugement et sauf toute critique de droit, on peut pourvoir à son achèvement, sans lequel le prolétariat ne pourra sortir de son éternelle et lamentable servitude.

G. Lefrançais,
Ancien Membre de la Commune de Paris en 1871.

37

Paris. — Imp. PAUL DUPONT, 4, rue du Bouloi.

www.ingramcontent.com/pod-product-compliance
Lightning Source LLC
LaVergne TN
LVHW020255230826
846091LV00006B/2424
9782012393554